Inhalt

Auswirkungen des neuen Pfandbriefgesetzes auf Universal- und Hypothekenbanken

Kernthesen

Beitrag

Fallbeispiele

Weiterführende Literatur

Impressum

GENIOS WirtschaftsWissen Nr. 01/2005 vom 11.01.2005

Auswirkungen des neuen Pfandbriefgesetzes auf Universal- und Hypothekenbanken

G.Dengl

Kernthesen

- Die Novellierung des Pfandbriefgesetztes hebt das Spezialbankenprinzip auf, und stellt sowohl Hypothekenbanken wie auch Sparkassen vor neue Herausforderungen.
- Für die privaten Hypothekenbanken stellt sich die Frage der Reintegration in die Mutterkonzerne.
- Für Sparkassen und Landesbanken werden

nunmehr Pfandbriefe im Rahmen der Refinanzierung stark an Bedeutung gewinnen.

Beitrag

2005 soll ein neues Pfandbriefgesetz verabschiedet werden. Ein Gesetzesentwurf liegt bereits vor und wird derzeit von der Fachwelt diskutiert. Die Gesetzesnovelle wirft sowohl für Hypothekenbanken wie auch für öffentliche Pfandbriefemittenten Fragen nach der strategischen Neupositionierung auf.

Vor dem Hintergrund der europäischen Vereinheitlichung der Finanzmärkte dient diese Gesetzesänderung der Schaffung eines ungehinderten Zugangs aller inländischen Kreditinstitute zum gedeckten Rentenmarkt. (13)

Sicher und beliebt

Pfandbriefe sind gedeckte Inhaberschuldverschreibungen, also Banktitel, die weniger vom Emittenten-Rating, sondern von den verbrieften Assets abhängen, also Kreditforderungen, denen als Sicherheiten Immobilien zu Grunde liegen.

Damit sind Pfandbriefe als besonders sichere Anlagen zu erachten. Bisher durften nur Hypothekenbanken, Schiffsbanken und öffentlich-rechtliche Kreditinstitute (z.B. Sparkassen) diese Papiere ausgeben. (13), (8)
Erstere berufen sich auf das "Hypothekenbankgesetz" (HBG), für letztere ergibt sich das Recht aus dem "Gesetz über die Pfandbriefe und verwandten Schuldverschreibungen öffentlich-rechtlicher Kreditanstalten" (ÖPG).
Mit einem Umlaufvolumen von über einer Billion Euro und einem Marktanteil von 35 Prozent ist der Pfandbrief nach wie vor das größte Segment im deutschen Markt für festverzinsliche Wertpapiere. Auch im europäischen Markt nimmt er weiterhin unangefochten die Spitzenposition ein. (6)

Wegfall des Spezialbankenprinzips erzeugt Veränderungsbedarf

Nach der bisherigen Regelung mussten Institute, die sich dem Hypothekenbankengeschäft zuwandten Einschränkungen im Kreditgeschäft hinnehmen. Das bedeutete, dass der billigeren Refinanzierung über Pfandbriefe eine Geschäftsbeschränkung im

Kreditbereich gegenüberstand; es war lediglich erlaubt, Kommunal- und Hypothekengeschäfte zu machen.

Zukünftig wird es nun allen Kreditinstituten grundsätzlich erlaubt sein, Pfandbriefe auszugeben. Um jedoch den Eindruck zu vermeiden, dass die Anforderungen an das Emittieren von Pfandbriefen durch das neue Gesetz verwässert werden, sind zunächst bestimmte Voraussetzungen zu erfüllen. Solche Erlaubnisvoraussetzungen sind
- ein Kernkapital von 25 Millionen Euro
- die Absicht des Emittenten, das Pfandbriefgeschäft nachhaltig zu betreiben,
- der Nachweis, dass er über geeignete Regelungen und Instrumente zur Steuerung der spezifischen Risiken des Pfandbriefgeschäfts verfügt. [1], [10]

Die Hypothekenbanken werden nach dem neuen Gesetz nicht mehr als Spezialbanken gesondert behandelt. Sie haben nun vielmehr die allgemeinen Anforderungen an das Produkt "Pfandbrief" zu erfüllen, die zukünftig von allen denjenigen Instituten erfüllt werden müssen, die solche emittieren wollen. Das Spezialbankenprinzip stellte jedoch bisher die tragende Säule des Hypothekenbankenwesens dar, sein Wegfall kündigt Veränderungsbedarf an. [13], [12]

Für die öffentlich-rechtlichen Institute (z.B. Sparkassen) erzeugt das neue Pfandbriefgesetz in Verbindung mit dem Wegfall der staatlichen Haftungsmechanismen Anstaltslast und Gewährträgerhaftung Mitte 2005 akuten Handlungsbedarf. Bisher garantierte die Staatshaftung den emittierten Pfandbriefen eine erstklassige Bonität und damit eine günstige Refinanzierung. Die privaten Institute hatten im Vergleich dazu immer schon höhere Refinanzierungskosten. (2)

Bewährte Konstruktionen: "Treuhänder" und "Beleihgrenze"

Um die Transaktionskosten so gering wie möglich zu halten (juristische Übertragungen von Grundpfandrechten sind kostenpflichtig), geht kein Eigentum über, sondern es wird dieses treuhänderisch verwaltet. Der Gesetzesentwurf sieht vor, dass treuhänderisch gehaltene Grundpfandrechte in die Deckungsmasse eingebracht werden können, sobald deren Insolvenzfestigkeit gesetzlich geregelt ist. Damit ist die Konstruktion des Treuhänders aus Sicht des Gesetzgebers zur Deckungsstockkontrolle unverzichtbar.

Was eingestellt werden darf in die Deckungsmasse, bemisst sich also nach wie vor an den Kreditsicherheiten, also den Grundschulden und deren Werthaltigkeit. Insoweit behält die Bewertung der Immobilie und die Festsetzung des Beleihungswertes beim Hypothekenpfandbrief ihre überragende Bedeutung. (13)

Für die in Frage kommenden Immobilien ist jeweils ein Beleihwert zu ermitteln, der sich an dessen "dauerhaften Eigenschaften" sowie am "nachhaltig zu erzielenden Ertrag" orientiert. Eine Beleihgrenze von 60 Prozent wird dabei als bewährte Praxis, vor allem im Hinblick auf die Eigenkapitalunterlegung, aus den bisherigen Regelungen übernommen. (2), (6)

Fallbeispiele

Wüstenrot denkt über Reintegration der Hypothekentochter nach

Der W & W-Konzern befindet sich in einer Phase des

Umbruchs. Dieser ist gekennzeichnet von Einsparungen und Kostenreduktion. Die strategische Neuorientierung findet ihren Niederschlag ebenfalls in der Entscheidung die Wüstenrot Hypothekenbank mit der Wüstenrot Bank zusammenzuführen, um so mittelfristig Synergien von ca. zehn Millionen Euro pro Jahr zu realisieren. (7)

VDH überflüssig?

Dem Verband der deutschen Hypothekenbanken (VDH) fehlt zukünftig die Grundlage, denn das Ausschlusskriterium - das Recht zur Verbriefung von Hypothekenkrediten - fällt nun weg. Es soll stattdessen einen Verband geben, der die Interessen aller derjenigen Institute vertritt, die auch, aber nicht nur, im Pfandbriefgeschäft tätig sind. Er soll unter dem Namen "Verband deutscher Pfandbriefbanken" mit dem Untertitel "Immobilienfinanzierungen, Staatsfinanzierungen, Schiffsfinanzierungen" auftreten. (11)

LBBW bietet Sparkassen Refinanzierungsplattform

Die besondere Herausforderung die auf Landesbanken und Sparkassen im Jahre 2005 zukommt, will die LBBW nutzen, um eine neue Refinanzierungsplattform ins Leben zu rufen. Kernstück dieses Refinanzierungskonzeptes ist das Pfandbriefmodell der LBBW. Hierdurch kann theoretisch ein Potenzial für Pfandbriefe in Höhe von bis zu 40 Mrd. Euro realisiert werden. (5)

Weiterführende Literatur

(1) Neue Geschäftsmodelle für Hypothekenbanken
aus Zeitschrift für das gesamte Kreditwesen 20 vom 15.10.2004 Seite 1117

(2) Pfandbrief bleibt Pfandbrief!
aus Zeitschrift für das gesamte Kreditwesen 20 vom 15.10.2004 Seite 1135

(3) Spezielle Immobilienfinanzierer bleiben auch in neuer Ära attraktiv Kein großer Strategiewechsel bei Hypothekenbanken trotz Wegfall des Privilegs
aus Börsen-Zeitung, 14.10.2004, Nummer 199, Seite 2

(4) Neue Refinanzierungsinstrumente für die Sparkasse Großes Potenzial an deckungsstockfähigen Forderungen
aus Börsen-Zeitung, 27.11.2004, Nummer 231, Seite B2

(5) Neue Wege in der Refinanzierung LBBW bietet

Sparkassen Refinanzierungsplattform - Theoretisch bis zu 40 Mrd. Euro Potenzial für Pfandbriefe in Baden-Württemberg
aus Börsen-Zeitung, 27.11.2004, Nummer 231, Seite B6

(6) Pfandbriefgesetz: Bewertung aus der Sicht einer Landesbank
aus Zeitschrift für das gesamte Kreditwesen 20 vom 15.10.2004 Seite 1121

(7) Marquard, S., Finanzkonzern W&W sieht "glänzende Chancen" / Konzernchef Haller: Stellenabbau ohne Druck, Stuttgarter Nachrichten, 16.12.2004, S. 13
aus Zeitschrift für das gesamte Kreditwesen 20 vom 15.10.2004 Seite 1121

(8) Neues Gesetz für Pfandbriefe / Kabinett verabschiedet Entwurf / Kreis der Emittenten erweitert, Süddeutsche Zeitung, 14.10.2004, Ausgabe Deutschland, S. 30
aus Zeitschrift für das gesamte Kreditwesen 20 vom 15.10.2004 Seite 1121

(9) "Übertragbare Grundschuld wäre am besten" Sparkassen könnten Refinanzierungsbedarf zu 75 Prozent per Pfandbrief decken - Potenzial bis 26 Mrd. Euro
aus Börsen-Zeitung, 19.10.2004, Nummer 202, Seite 19

(10) Entwurf zum Pfandbriefrecht
aus Frankfurter Allgemeine Zeitung, 14.10.2004, Nr.

240, S. 19

(11) Verbandsgezerre unter den Banken
aus Frankfurter Allgemeine Zeitung, 29.10.2004, Nr. 253, S. 16

(12) Das neue Pfandbriefgesetz ist revolutionär
Einheitliche Anforderungen für öffentlich-rechtliche und private Kreditinstitute - Umstrukturierung des Marktes zu erwarten
aus Börsen-Zeitung, 08.12.2004, Nummer 238, Seite 2

(13) Die Bedeutung des zukünftigen Pfandbriefrechtes für Universalbanken
aus Zeitschrift für das gesamte Kreditwesen 20 vom 15.10.2004 Seite 1112

Impressum

Auswirkungen des neuen Pfandbriefgesetzes auf Universal- und Hypothekenbanken

Bibliografische Information der deutschen Nationalbibliothek

Die Deutsche Nationalbibliothek verzeichnet diese Publikation in der deutschen Nationalbibliografie; detaillierte bibliografische Daten sind im Internet über http://dnb.d-nb.de abrufbar.

ISBN: 978-3-7379-1200-6

© 2015 GBI-Genios Deutsche Wirtschaftsdatenbank GmbH, Freischützstraße 96, 81927 München, www.genios.de

Alle Rechte vorbehalten. Dieses Werk ist einschließlich aller seiner Teile – z.B. Texte, Tabellen und Grafiken - urheberrechtlich geschützt. Jede Verwertung außerhalb der Grenzen des Urheberrechtsgesetzes bedarf der vorherigen Zustimmung des Verlags. Dies gilt insbesondere auch für auszugsweise Nachdrucke, fotomechanische

Vervielfältigungen (Fotokopie/Mikroskopie), Übersetzungen, Auswertungen durch Datenbanken oder ähnliche Einrichtungen und die Einspeicherung und Verarbeitung in elektronischen Systemen.